Evangelizar é comunicar

Coleção Pascom organizada em parceria com o Setor de Comunicação da Conferência Nacional dos Bispos do Brasil – CNBB:

- *Evangelizar é comunicar:* fundamentação bíblico-teológica da Pastoral da Comunicação – Vera Ivanise Bombonatto
- *Novas fronteiras da Pastoral da Comunicação:* diretrizes e propostas de atuação – Élide Maria Fogolari e Rosane da Silva Borges

Vera Ivanise Bombonatto

Evangelizar é comunicar

Fundamentação bíblico-teológica da
Pastoral da Comunicação

Dados Internacionais de Catalogação na Publicação (CIP)
(Câmara Brasileira do Livro, SP, Brasil)

Bombonatto, Vera Ivanise
Evangelizar é comunicar : fundamentação bíblico-teológica da Pastoral da Comunicação / Vera Ivanise Bombonatto – 1. ed. – São Paulo : Paulinas, 2009. – (Coleção pascom)

ISBN 978-85-356-2442-7

1. Comunicação – Aspectos religiosos 2. Evangelismo - Ensino bíblico 3. Igreja e comunicação de massa 4. Missão da Igreja 5. Teologia pastoral I. Título. II. Série

09-02874   CDD-253-78

Índice para catálogo sistemático:
1. Evangelização : Pastoral da Comunicação : Cristianismo   253.78

Direção-geral: *Flávia Reginatto*
Editora responsável: *Vera Ivanise Bombonatto*
Copidesque: *Anoar Jarbas Provenzi*
Coordenação de revisão: *Marina Mendonça*
Revisão: *Jaci Dantas e Sandra Sinzato*
Direção de arte: *Irma Cipriani*
Gerente de produção: *Felício Calegaro Neto*
Projeto gráfico: *Manuel Rebelato Miramontes*
Ilustrações: *Peter Dennis © Dorling Kindersley.*

Nenhuma parte desta obra poderá ser reproduzida ou transmitida por qualquer forma e/ou quaisquer meios (eletrônico ou mecânico, incluindo fotocópia e gravação) ou arquivada em qualquer sistema ou banco de dados sem permissão escrita da Editora. Direitos reservados.

Paulinas
Rua Pedro de Toledo, 164
04039-000 – São Paulo – SP (Brasil)
Tel.: (11) 2125-3549 – Fax: (11) 2125-3548
http://www.paulinas.org.br – editora@paulinas.com.br
Telemarketing e SAC: 0800-7010081
© Pia Sociedade Filhas de São Paulo – São Paulo, 2009

Apresentação

Um dos trabalhos do Setor Comunicação da Comissão Episcopal para a Cultura, Educação e Comunicação Social da CNBB é a animação da Pastoral da Comunicação no Brasil, também conhecida pela sigla Pascom.

Todos os anos, durante as comemorações do Dia Mundial das Comunicações Sociais e, agora também, na reunião anual com os representantes dos regionais da CNBB, temos a oportunidade de discernir caminhos e orientações. Outras vezes, a partilha é realizada nos vários Encontros Regionais de Comunicação, que nos dão a oportunidade de participar com afinco dos anseios e das esperanças desses cristãos animados, que acreditam que é necessário encontrar caminhos para evangelizarmos através da comunicação.

O amadurecimento a que várias equipes chegaram com o auxílio de especialistas, pastoralistas e pessoas interessadas na comunicação fez com que tudo isso fosse visto não apenas como uma mera utilização da mídia disponível em suas regiões, mas, principalmente, como um trabalho para acontecer o "processo de comunicação".

Uma das necessidades que nos foram cobradas é ter subsídios para a formação dos agentes. Normalmente isso acontece nos vários encontros e reuniões, mas notamos que havia um pedido de uma espécie de curso que fosse facilitando a reflexão e a formação das equipes.

É dentro desse contexto que surge agora esta coleção de Paulinas Editora, que tem como vocação trabalhar na comunicação, com o intuito de prover a essa necessidade apontada pela Pascom.

Iniciamos a coleção Pascom com a profundidade de Ir. Vera Ivanise Bombonatto, paulina, com a "Fundamentação bíblico--teológica da Pastoral da Comunicação", neste livro que ora está sendo entregue ao público: *Evangelizar é comunicar*.

Partimos das raízes bíblicas e colocamos as bases teológicas para o nosso trabalho. É uma visão de comunicação olhando por esse prisma. Sabemos que temos muitos outros pontos de vista, mas eles irão se completando no decorrer da coleção.

Agradeço a Ir. Vera Ivanise Bombonatto pela disponibilidade em publicar este seu trabalho, e, de maneira muito especial, à nossa assessora do Setor Comunicação da CNBB, Ir. Élide Maria Fogolari, pelo entusiasmo ao conceber e iniciar esta coleção.

O meu desejo é que esta coleção possa suprir uma necessidade não só da Pascom no Brasil, mas de todos aqueles que, em se interessando pela comunicação, querem se aprofundar em uma visão que a Igreja proporciona através de seus especialistas, para que consigamos construir um mundo mais fraterno e cristão.

Dom Orani João Tempesta, o. cist.
Arcebispo do Rio de Janeiro (RJ)
Presidente da Comissão Episcopal para a Cultura, Educação e Comunicação da CNBB

Introdução

Na sociedade atual, caracterizada por profundas e rápidas mudanças, a cultura da comunicação exerce uma influência determinante sobre o modo de ser, de pensar e de agir das pessoas. Os meios de comunicação estão presentes em todos os lugares e em todos os momentos do nosso cotidiano. Vivemos na era da comunicação, do conhecimento e da informação. A comunicação, no contexto da revolução tecnológica e do processo de globalização, gera cultura, e a cultura se transmite por meio destes potentes instrumentos de comunicação.

Como cristãos, conscientes e responsáveis, louvamos a agradecemos a Deus pelo progresso tecnológico, dom de Deus e fruto da inteligência humana, e pelas maravilhas da cultura da comunicação, interligando povos, raças e nações. Reconhecemos os benefícios que os processos de comunicação trazem à humanidade, quando utilizados com competência profissional e no respeito à ética e à dignidade da pessoa humana.

Temos consciência da sua importância para a vida cristã e para a missão evangelizadora da Igreja. Sentimos a necessidade de encontrar novas formas para comunicar a mensagem cristã, neste novo contexto, a fim de que o Evangelho seja semente de justiça e fraternidade, de solidariedade e paz.

Atualmente, para a Igreja, chamada a ser discípula missionária e a configurar-se à Trindade, no seguimento de Jesus, a missão de comunicar o Evangelho a toda a humanidade exige particular atenção às grandes mudanças geradas pela cultura da comunicação. Para ser fiel a Jesus Comunicador, ela precisa inserir-se na vida do povo, configurada, cada vez mais, pela cultura *midiática*, que tem expressiva influência nos relacionamentos humanos, especialmente na afetividade, no imaginário, na canalização dos sonhos, desejos e ambições, na formação de valores, hábitos e costumes.

A partir do Concílio Vaticano II e de Medellín, a Igreja no Brasil vem se preocupando em organizar e desenvolver a Pastoral da Comunicação (Pascom), em suas dioceses, paróquias e comunidades. Notáveis progressos foram feitos durante este período. Atualmente, à luz do *Documento de Aparecida*, a Igreja necessita dar novo impulso a esta pastoral.

Para ajudar nesta tarefa, exigente e desafiadora, apresentamos, neste subsídio, uma simples e modesta reflexão bíblico-teológica sobre a comunicação, tendo como centro a pessoa, a prática e a mensagem de Jesus, o comunicador por excelência. Ele é o fundamento sobre o qual deverá ser construída esta pastoral, para que seja como a casa construída sobre a rocha (cf. Mt 7,24), que resiste ao vento das dificuldades, dos possíveis insucessos.

Somente se for alicerçada em Jesus Cristo e no seu seguimento, esta pastoral produzirá preciosos e abundantes frutos.

Nesta reflexão, queremos discernir juntos um caminho novo para a Pastoral da Comunicação, que parte da realidade concreta do nosso ser comunicativo e da cultura da comunicação, iluminado pelos ensinamentos e pela prática de Jesus, e nos leva a agir de acordo com o espírito das bem-aventuranças do Reino.

Dessa forma, o presente subsídio compõe-se de duas partes interligadas entre si: a primeira, intitulada *Pastoral da Comunicação*, apresenta as razões da nossa preocupação com a comunicação, a articulação entre as duas realidades: pastoral e comunicação; define brevemente esses termos, levando o leitor a refletir sobre o significado da Pastoral da Comunicação. A segunda, *Fundamentação bíblico-teológica da Pastoral da Comunicação*, salienta o dom da comunicação, grande presente de Deus ao criar o universo e o ser humano; apresenta o paradigma da comunicação: Jesus, Comunicador Perfeito; e evidencia a relação das três pessoas divinas como fundamento e modelo de comunicação.

O objetivo desta reflexão é ajudar a descobrir a fundamentação bíblico-teológica da Pastoral da Comunicação, de modo que alimente e fortaleça a espiritualidade da comunicação e ilumine as práticas comunicativas no anúncio do Evangelho até os confins do universo.

Viver é comunicar. Evangelizar é comunicar.[1] A comunicação é, sem dúvida, uma realidade importante na vida das pessoas, das famílias, da Igreja e da sociedade. Para realizar o mandato de Jesus: "Ide por todo o mundo e pregai o Evangelho a toda a humanidade" (Mc 16,15), a Igreja precisa inserir-se na cultura da comunicação e usar as modernas tecnologias.

Tendo presente essa realidade, nesta primeira parte deste subsídio, nosso objetivo é refletir sobre o significado, a abrangência e a relevância da expressão *Pastoral da Comunicação*. Para isso, abordaremos os seguintes aspectos:

1. o binômio pastoral e comunicação;

2. comunicação: rede de relações;

3. pastoral: semente de vida nova;

4. Pastoral da Comunicação:
    o Evangelho na cultura multimedial.

---

[1] Cf. CELAM, *Documento de Puebla*, n. 1.064.

Pastoral da Comunicação

A evangelização, anúncio do Reino, é comunicação; portanto, a comunicação social deve ser levada em conta em todos os aspectos da transmissão da Boa-Nova (*Documento de Puebla*, n. 1.063).

1. O binômio pastoral e comunicação

O trabalho dos meios de comunicação católicos não é só uma atividade complementar que vem se juntar a outras atividades da Igreja: a comunicação social tem, com efeito, um papel a desempenhar em todos os aspectos da missão da Igreja (*Aetatis Novae*, n. 17).

Existe um elo, íntimo e profundo, entre Igreja e comunicação. Nada pode romper esta relação, pois ela está fundamentada no fato de que a salvação trazida por Jesus Cristo realiza-se essencialmente como ato de comunicação. Deus, que, de muitos modos, se comunicou com os seres humanos ao longo da história (cf. Hb 1,1), na plenitude dos tempos enviou seu Filho ao mundo (cf. Gl 4,4). Na história da salvação, a pessoa de Jesus é o evento comunicativo por excelência, sacramento do encontro do ser humano com Deus.

A Igreja, povo de Deus a caminho e corpo místico de Cristo, é comunicativa em si e não apenas em suas funções e tarefas, pois ela participa do processo de autocomunicação, por meio do qual Deus, na sua infinita bondade, quis e quer revelar-se constantemente à humanidade. Ela é mistério de comunicação da graça divina e de comunhão visível dos carismas e ministérios. Toda a Igreja é e faz comunicação. Sua ação pastoral insere-se no amplo horizonte do caráter comunicativo global do seu ser e do seu agir. A comunicação da Igreja nasce da escuta, amorosa e atenta, da Palavra. Ela comunica não a si mesma mas sim um mistério sublime que a ultrapassa e a projeta para a eternidade. Vive a tensão constante de comunicar um conteúdo divino e eterno, por meio da fragilidade dos meios e dos recursos humanos; tem sua forma mais sublime de comunicação na linguagem litúrgica e sacramental.

Nesse sentido, a Pastoral da Comunicação não se limita apenas a algumas práticas comunicativas permanentes ou ocasionais, pois a comunicação é uma dimensão essencial e constitutiva da Igreja. Para ser sinal eficaz da presença do Reino no mundo, ela precisa dialogar com a cultura da comunicação e discernir constantemente os traços da presença e da ausência de Deus nos caminhos da história humana.

1.1 Evangelizar é comunicar

"A evangelização, anúncio do Reino, é comunicação".[2] Para a Igreja e para o discípulo missionário, inserir-se na cultura da comunicação e usar os meios modernos de comunicação para o

---

[2] CELAM, *Documento de Puebla*, n. 1.063.

anúncio do Evangelho da vida não é apenas uma escolha estratégica relevante, uma opção entre outras; é uma opção evangélica que está relacionada à sua missão. Essa escolha evangélica tem a razão de ser: *na prática comunicativa de Jesus durante sua vida terrena, na universalidade e integralidade da sua mensagem, no seu mandato missionário e na incidência da comunicação em todas as esferas da existência humana.*
Essa realidade pode ser visualizada no gráfico a seguir.

Figura 1. Razões da opção evangélica

- *A prática comunicativa de Jesus durante sua vida terrena.* Jesus, o missionário do Pai, no contexto do seu tempo, usou todos os meios disponíveis para comunicar a mensagem do Pai, na força do Espírito. Ele é o comunicador por excelência e o paradigma da comunicação dos seus discípulos missionários. Sabia se comunicar com a vida e com a palavra, a partir de dentro da experiência, da linguagem, da mentalidade e da cultura do povo.

- *Na universalidade e integralidade da mensagem de Jesus.* A mensagem de Jesus é *universal*, não é propriedade exclusiva de ninguém. Por vontade expressa pelo próprio Jesus, está destinada a chegar a todos os recantos do universo, a todos os povos e a todas as culturas. O medo das novas tecnologias, da oposição do mundo, da falta dos recursos necessários e de preparação adequada[3] não pode levar a escondê-la, nem a limitar sua comunicação. A mensagem de Jesus é *integral*, destinada a atingir o ser humano na sua totalidade e não apenas na dimensão espiritual. Sua ação é eficaz e progressiva; vai transformando, a partir de dentro, a pessoa humana que a acolhe no seu coração. Quem a aceita, recebe também a missão de anunciá-la "sobre os telhados" (Mt 10,27).

- *Mandato missionário de Jesus.* A Igreja é missionária. Como cristãos, por força do Batismo, recebemos de Jesus, por meio da Igreja, o mandato: "Ide por todo o mundo e pregai o Evangelho a toda a humanidade" (Mc 16,15). Somos chamados a ser discípulos missionários. Estas duas realidades são insepa-

---

[3] Cf. JOÃO PAULO II, *Carta Apostólica O Rápido Desenvolvimento*, p. 27.

ráveis: o discípulo é missionário, pois Jesus o faz partícipe de sua missão, e é impossível ser missionários sem ser discípulo.[4] Jesus chama para segui-lo e envia em missão. Na fidelidade ao mandato de Jesus e para que a sua ação missionária seja eficaz e atinja os confins do universo, o cristão, em comunhão com a Igreja, é chamado a inserir-se na cultura da comunicação e a evangelizar com meios modernos de comunicação.

- *Na incidência da comunicação em todas as esferas da existência humana.* Para que a mensagem do Evangelho seja, de fato, *integral*, atingindo todas as dimensões do ser humano, e seja *universal*, chegando a todos, é preciso entrelaçar fé e cultura, tarefa nem sempre simples e fácil de entender e de assimilar.

Por conseguinte, é importante refletir sobre o significado e as implicações da Pastoral da Comunicação e o lugar que ela ocupa na vida da Igreja e do discípulo missionário.

1.2 Dois universos distintos

A expressão *Pastoral da Comunicação* nasce da conjunção de duas realidades, amplas e complexas: *pastoral* e *comunicação*. Ambas estão ligadas pela preposição *da*, que indica aquilo da qual a *pastoral* é parte: da *comunicação*.

---

[4] Cf. CELAM, *Documento de Aparecida*, n. 144.

Figura 2. Pastoral da Comunicação

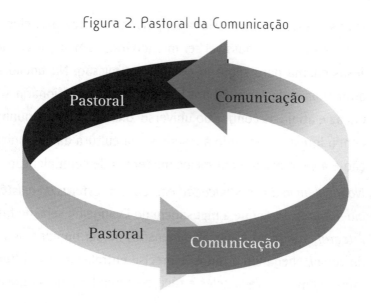

Essas duas realidades não estão apenas justapostas, mas interagem reciprocamente, imprimindo ao conceito de *Pastoral da Comunicação* uma característica fundamental que deve ser levada em conta em todos os momentos: a *dinamicidade*. O conceito *Pastoral da Comunicação* não é estático, definido uma vez por todas, mas é extremamente *dinâmico*. Por conseguinte, precisa ser constantemente repensado e ressignificado, em confronto com a realidade atual caracterizada não apenas por profundas e rápidas mudanças mas também por uma mudança de época.

A expressão *Pastoral da Comunicação* sintetiza em si, simultaneamente, a riqueza e a dinamicidade, a complexidade e os desafios destes dois universos distintos:

Figura 3. Universos da Pastoral da Comunicação

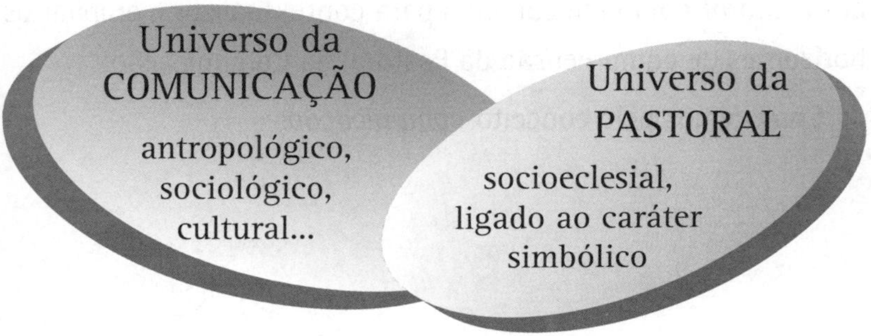

Universo da COMUNICAÇÃO
antropológico, sociológico, cultural...

Universo da PASTORAL
socioeclesial, ligado ao caráter simbólico

- O *universo da comunicação* envolve as diferentes dimensões da realidade humana — a dimensão antropológica: somos seres comunicativos; a dimensão sociológica: somos seres em relação/comunicação com nossos semelhantes; a dimensão cultural: nossa comunicação se expressa através de códigos, linguagem e meios.

- O *universo da pastoral* envolve a dimensão socioeclesial e se realiza a partir de uma comunidade de fé que busca viver a proposta de Jesus e está ligado ao seu caráter simbólico. Este universo está relacionado com os diferentes cenários de Igreja existentes, os quais influenciam no modo de conceber e de realizar a ação pastoral. Permeada pela graça divina e sob o dinamismo do Espírito Santo, essa ação não deixa de ser uma atividade humana, sujeita às contingências do agir humano.

Estes dois universos que compõem a expressão *Pastoral da Comunicação* nos colocam diante da uma necessidade básica e imprescindível: explicitar o que entendemos por *comunicação* e por *pastoral*, como um caminho para contextualizar e ampliar os horizontes de compreensão da Pastoral da Comunicação. Comecemos pelo conceito *comunicação*.

2. Comunicação: rede de relações

Não é suficiente usar os meios de comunicação para difundir a mensagem cristã e o Magistério da Igreja, mas é necessário integrar a mensagem nesta "nova cultura", criada pelas modernas comunicações (*Redemptoris Missio*, n. 37).

Todos nós sentimos necessidade de estabelecer relações sinceras e autênticas com os nossos semelhantes. O isolamento e a solidão nos incomodam, ferem e machucam. Trazemos impresso em nosso ser a capacidade comunicativa. Sabemos, por experiência, desde os primeiros momentos da nossa existência, o que significa comunicar. Por isso, querer definir a comunicação parece algo desnecessário e inútil. Entretanto, exatamente no momento em que tentamos definir o que é comunicação, percebemos estar diante de uma questão um tanto complexa e difusa. Apesar de todos os esforços e buscas, toda e qualquer definição será parcial e limitada, porque evidenciará um aspecto, esquecendo outros.

Parte integrante de nossa existência, a comunicação abrange um amplo leque que vai desde a pessoal, interpessoal e social, passando pelos mais sofisticados modos e meios de comunicação, até a chamada cultura da comunicação. É impossível imaginar o ser humano e o progresso da humanidade sem comunicação, pois ela incide em todos os âmbitos da vida humana individual, familiar, religiosa, política e social.

Da comunicação depende, em grande parte, a paz e a fraternidade entre os povos. Atualmente, as novas tecnologias digitais estão provocando mudanças fundamentais nos modelos de comunicação e nas relações, conforme alerta o Papa Bento XVI, em sua mensagem para o 43º Dia Mundial das Comunicações, com o tema "Novas tecnologias, novas relações. Promover uma cultura de respeito, de diálogo, de amizade".

Dada a sua abrangência e complexidade, a comunicação pode ser considerada a partir de pontos de vista diferentes e complementares que expressam etapas diversas da história do desenvolvimento humano. Não é nosso objetivo analisar cada um desses momentos. Queremos apenas buscar uma compreensão da comunicação a partir do ser humano. Somos seres comunicativos, e viver é comunicar.

2.1 Conceito dinâmico

A origem etimológica da palavra "comunicação" nos ajuda a compreender o seu significado e a sua abrangência.

Figura 4. Etimologia da palavra comunicação

A palavra *comunicação* provém do latim *communis*, que significa múnus comum, função comum, ou seja, comum + ação. Consequentemente, comunicação é relação, partilha, participação; é tornar comum, interagir, conviver.

Nesse sentido, podemos afirmar que a comunicação é uma relação misteriosa e envolvente; é a dimensão da pessoa humana que se abre à alteridade e se descobre capaz de transcender-se, saindo de si em direção ao outro, em direção ao infinito.

A dimensão comunicativa inerente ao ser humano possibilita a relação/comunicação consigo mesmo, com o próximo e com o transcendente, e torna possível a vida em comunidade. Nesse sentido, a comunicação é um processo relacional que viabiliza a vida em sociedade; é uma rede de relações que vamos tecendo, a cada instante de nossa existência, no convívio com nossos semelhantes.

Os instrumentos de comunicação facilitam e satisfazem a necessidade de o ser humano se comunicar, potenciando-a e ampliando-a. Entretanto, hoje a comunicação não é simplesmente um conjunto de meio, mas um modo de ser, um estilo de vida, uma cultura.

2.2 Cultura da comunicação

Nas diferentes etapas do quadro evolutivo de sua história, a comunicação chegou, particularmente na pós-modernidade, a constituir-se num fenômeno definido pelos estudiosos como "cultura da comunicação". Essa cultura se expressa em modos de agir e de pensar indissoluvelmente ligados às novas formas de comunicação. A revolução tecnológica e os processos de globalização formataram o mundo atual como uma grande cultura midiática.[1] A Igreja reconhece a existência dessa nova realidade ao afirmar que não basta usar os meios de comunicação para anunciar a mensagem cristã, mas é necessário integrar a mensagem nessa "nova cultura", criada pelas modernas comunicações.[2]

Os instrumentos tecnológicos constituem um universo cultural novo e em expansão e, ao mesmo tempo, um conjunto de

---

[1] Cf. CELAM, *Documento de Aparecida*, n. 484.
[2] Cf. JOÃO PAULO II, *Carta Encíclica Redemptoris Missio*, n. 37.

meios a serviço da comunicação. Eles formam uma nova cultura que tem linguagens e valores próprios e também contravalores específicos. Por si mesmos, constituem não somente um mundo à parte, mas também uma cultura e uma civilização com características peculiares. Para muitos, eles são o principal instrumento de formação e informação, de guia e de inspiração dos comportamentos individuais, familiares e sociais.³

Designar a comunicação como cultura significa considerá-la como conjunto de valores que constituem um ambiente vital, um estilo de vida, um elemento articulador das mudanças sociais que desencadeia e sustenta os aspectos vitais das relações sociais.

A comunicação como cultura constitui uma nova forma de compreender o mundo, a vida, as relações, que não é fruto exclusivo do raciocínio, mas também da experiência. A comunicação gerou a civilização da imagem que privilegia a rapidez e a transitoriedade da informação. Nela, o conceito de virtual é fundamental.

Sintetizando, podemos afirmar que, como nova cultura em constante reformulação, a comunicação é um processo dinâmico, dialógico, interativo, complexo e multidirecional, potenciado pelas novas tecnologias.

---

³ Cf. JOÃO PAULO II, *Exortação Apostólica Pós-Sinodal Ecclesia in Africa*, n. 71.

Figura 5. Comunicação processual e multidirecional

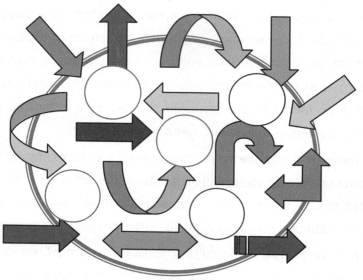

Conhecer esse processo de comunicação é condição indispensável para comprometer-se a viver esta época, não como tempo de alienação e de confusão, mas como período precioso para investigar a verdade e para o desenvolvimento da comunhão entre as pessoas e os povos do universo.

As novas tecnologias abrem inúmeras possibilidades, não somente porque tornam mais rápida a informação, mas também porque criam novos métodos, novos modos de ser e de viver. As tecnologias estão influenciando cada vez mais a política, na configuração do poder nas sociedades, bem como na configuração dos relacionamentos e na construção do saber.

Na cultura da comunicação, a dimensão da conectividade homem-máquina é vista como necessária e indispensável. A comunicação se tornou um importante elemento articulador de mudanças nos indivíduos, nos grupos e na sociedade como um todo, pois ela veicula usos, costumes e modismos.

A revolução tecnológica incide profundamente na vida das pessoas, das comunidades e da sociedade não apenas disponibilizando novas tecnologias, criativas e rápidas, mas gerando novo modo de ser, de pensar, de criar processos, formas de produção e distribuição dos bens e serviços. Estamos assistindo a um processo de midiatização, entendido como tendência a virtualizar as relações humanas, os sentimentos, as emoções, o imaginário e os desejos.

As rápidas e profundas mudanças no campo tecnológico incidem profundamente na vivência da fé cristã. Por conseguinte, a Pastoral da Comunicação deve estar atenta às constantes mutações no campo da comunicação.

Prosseguindo em nosso objetivo, a seguir concentramos nosso esforço no termo *pastoral*.

3. Pastoral:
semente de vida nova

Jesus de Nazaré foi ungido por Deus com o Espírito e com poder. Por toda parte ele andou fazendo o bem e curando a todos os que estavam dominados pelo diabo, porque Deus estava com ele (At 10,38).

Pastoral é uma palavra importante no vocabulário cristão. Ela expressa um aspecto significativo e abrangente da vida da Igreja que diz respeito ao seu modo de agir e de se relacionar no mundo. É um conceito dinâmico que, ao longo da história do Cristianismo, foi assumindo significados diferentes, relacionados aos diversos modelos de Igreja e às múltiplas expressões de sua missão evangelizadora. Atualmente, a Igreja enfrenta o desafio de repensar sua ação pastoral a partir das exigências e apelos da pós-modernidade.

Não é nosso objetivo compor o caminho histórico da palavra *pastoral* e explicitar seus diferentes sentidos. Queremos apenas defini-la a partir de sua origem semântica no contexto atual. Para isso é importante ter presente sua origem e seu significado.

3.1 Origem e significado

A palavra *pastoral* deriva de "pastor", que por sua vez está relacionada com o período nômade da história de Israel. Antes de povoar Canaã, as tribos dependiam da constante vida nômade e de seus rebanhos para a sua sobrevivência. Em geral, a tarefa de pastor era assumida pelos membros da família (cf. Ex 2,16). Esperava-se da parte dos pastores honestidade, paciência, lealdade, empenho em guiar e defender o rebanho. Os pastores deviam cuidar incansavelmente dos animais indefesos, montar guarda ao lado do rebanho dia e noite. Os pastores mercenários decepcionavam os seus empregadores.

No contato cotidiano com as vicissitudes e as alegrias do pastoreio, o povo nômade incorporou a palavra "pastor" na sua cultura e passou a empregá-la em sentido metafórico de "conduzir", "governar", "guiar", "ensinar", "defender". Nesse sentido, ser pastor é cuidar, governar, ensinar as pessoas a ele confiadas. O povo de Israel herdou dos povos vizinhos do Egito e da Mesopotâmia o costume de chamar Deus de Pastor, e, a partir de sua experiência nômade, atribuiu-lhe um significado próprio.

3.2 O Senhor é meu pastor

Em contraposição aos falsos pastores, Deus é o Bom Pastor, e o povo é o seu rebanho.

O Salmo 23(22) apresenta essa realidade de Deus como pastor do seu povo.

O Senhor é meu pastor, nada me falta.
Ele me faz descansar em verdes prados,
a águas tranquilas me conduz.
Restaura minhas forças,
guia-me pelo caminho certo,
por amor do seu nome.
Se eu tiver de andar por vale escuro,
não temerei mal nenhum, pois comigo estás.
O teu bastão e o teu cajado me dão segurança.
Diante de mim preparas uma mesa
aos olhos dos meus inimigos;
unges com óleo minha cabeça,
meu cálice transborda.
Felicidade e graça vão me acompanhar
todos os dias da minha vida
e vou morar na casa do Senhor
por muitíssimos anos.

Deus é o pastor que guia, salva e protege o seu povo. Essa relação de Deus com o seu povo tem duas dimensões: *universal*, pois Deus cuida de todo o seu povo; *cósmica*, pois ele cuida, por sua Providência, da criação e de cada ser que dela faz parte.

O Messias da linha davídica, enviado por Deus para resgatar a humanidade do cativeiro, é chamado de pastor.

3.3 Jesus, Bom Pastor

O Senhor Deus é o pastor de Israel, e o povo é o seu rebanho. Essa relação estabelecida no Primeiro Testamento atinge sua plenitude em Jesus de Nazaré. Ele mesmo afirma: "Eu sou o Bom Pastor. O Bom Pastor dá a vida pelas suas ovelhas" (Jo 10,11). Ele apresenta os traços característicos do pastor: o pastor entra no redil pela porta, conduz para fora o rebanho, caminha à sua frente, as ovelhas ouvem a sua voz. Jesus é o Pastor messiânico prometido no Primeiro Testamento.

Figura 6. O Bom Pastor

No Evangelho de João, Jesus apresenta algumas características do pastor.

O pastor conduz as ovelhas e o rebanho. Ele vai à frente e elas o seguem porque conhecem a sua voz (cf. Jo 10,4). Ele conhece os caminhos, os atalhos, e conduz as ovelhas com "conhecimentos e prudência" (Jr 3,15). Fica próximo delas para que sintam a sua presença. Conhece cada uma pelo nome.

O pastor é companheiro das ovelhas. Ele estabelece com elas uma relação de afeto profundo. "Conheço as minhas ovelhas e as minhas ovelhas me conhecem" (Jo 10,15).

Conhecedor da realidade do seu tempo, Jesus sabia que entre o pastor e suas ovelhas existe uma relação pessoal e íntima: elas conhecem a sua voz, e ele se preocupa com cada uma delas. Essa constatação foi uma excelente comparação para que ele pudesse ensinar-nos qual deve ser a relação dos seus seguidores com ele.

3.4 Prolongar e atualizar o ministério de Jesus

Fonte e paradigma de toda atividade pastoral, Jesus, o Bom Pastor, é luz para ver a realidade, critério para julgá-la e norma para agir como discípulo missionário. A pastoral da Igreja tem como objetivo prolongar e atualizar o ministério de Jesus no aqui e agora do acontecer histórico.

O ministério pastoral só será autêntico à medida que se inspirar e prolongar o ministério pastoral de Jesus. A pastoral brota da vocação própria do ser discípulo missionário: ser mediador de salvação.

Jesus, personalização do Bom Pastor, é a encarnação da solidariedade e da misericórdia de Deus para com seu povo. Sua vida e seu ministério são o cumprimento da promessa de um Pastor-Messias, feita por Deus através dos profetas.

Evangelho vivo do Pai, Jesus é a norma suprema de toda pastoral da Igreja. Somente o que torna presente Jesus e sua práxis merece ser considerada ação pastoral.

De modo geral, podemos afirmar que pastoral designa a forma pela qual a Igreja conduz o povo de Deus e, sob a ação do Espírito Santo, atualiza a prática evangelizadora de Jesus. Pastoral é toda ação da Igreja, povo de Deus, destinada a ser semente de vida nova em Cristo Jesus, relacionando os valores do Evangelho com as situações concretas e levando as pessoas a serem discípulas missionárias na vida cotidiana e a assumirem o projeto de Jesus.

Quando nos referimos à Igreja como povo de Deus, afirmamos que a ação pastoral não é exclusiva da hierarquia, mas de todos os membros da comunidade, cada qual a partir de seus carismas e de sua vocação específica.

"Pastoral" e "evangelização" são dois conceitos interdependentes e complementares. "Evangelização" é o anúncio da Boa-Nova do Reino e do amor do Pai, manifestado em Jesus Cristo morto e ressuscitado, para a nossa salvação. Evangelização é a tarefa que deve ser realizada, o *quê*; a pastoral é o modo de concretizá-la, o *como*.[1]

À luz das atitudes, dos ensinamentos e das ações de Jesus, o Bom Pastor, lembramos algumas características da pastoral da Igreja:

- diaconal: alicerçada na doação radical da pessoa do agente, no serviço à vida;
- encarnada: realizada em comunhão com os interlocutores e empregando uma linguagem inculturada;
- libertadora: preocupada com a libertação de tudo o que escraviza o ser humano e ofusca a sua dignidade;
- profética: anunciadora da Boa-Nova de Jesus Cristo e, ao mesmo tempo, denunciadora de tudo o que se opõe ao Reino de Deus;
- reinocêntrica: tendo como objetivo a realização do projeto de Deus, que é a construção do seu Reino;
- testemunhal: realizada a partir da experiência de fé e na fidelidade a Deus e aos irmãos;
- transformadora: lutando contra as estruturas geradoras de injustiça e de não vida e contribuindo para o crescimento da nova humanidade inaugurada por Jesus;
- sapiencial: concretizada com a autoridade que nasce da coerência de vida e da sabedoria de Deus;

---

[1] Cf. VALADEZ FUENTES, *Espiritualidade pastoral*, pp. 21-22.

- universal: orientada para todos e tendo especial cuidado para com os pobres, os preferidos de Deus.[2]

Tendo presente essa breve descrição do binômio comunicação e pastoral, podemos agora refletir sobre o significado da *Pastoral da Comunicação.*

---

[2] Ibid., p. 79.

4. Pastoral da Comunicação, o Evangelho na cultura multimedial

Não é suficiente ter um plano de comunicação, mas é necessário que a comunicação faça parte integrante de todos os planos pastorais, visto que a comunicação tem, de fato, um contributo a dar a qualquer outro apostolado, ministério ou programa (*Aetatis Novae*, n. 17).

Depois de termos refletido sobre os conceitos de *comunicação* e *pastoral*, podemos agora, levando em conta esses conteúdos, avançar na compreensão da expressão *Pastoral da Comunicação*. Mais uma vez estamos diante de uma realidade dinâmica e não queremos, de forma alguma, dar uma definição estática e fechada.

Ligada ao contexto histórico-cultural e à realidade eclesial, a *Pastoral da Comunicação* foi se transformando ao longo da história de acordo com a evolução dos dois conceitos que a compõem. Não é nosso objetivo deter-nos em sua evolução. Queremos buscar o seu significado atual, evitando a tentação de considerá-la de forma redutiva, apenas como um modo específico de usar os meios de comunicação social para evangelizar. Sem dúvida, esse é um aspecto importante, mas não esgota toda a riqueza e os desafios dessa pastoral.

> ## PASTORAL DA COMUNICAÇÃO
> Não é uma pastoral isolada do plano de pastoral.
> Não é uma pastoral a mais entre as pastorais.
> Não se limita ao uso dos meios de comunicação para a evangelização.
> Não é apenas um departamento mais ou menos organizado e atuante.

Não podemos reduzir a *Pastoral da Comunicação* exclusivamente ao uso dos recursos ou instrumentos da comunicação, isolada do plano de pastoral e sem a devida reflexão sobre as incidências desses instrumentos no processo de comunicação da comunidade eclesial. Essa não é uma pastoral a mais entre outras tantas, mas é sim a pastoral que articula as demais. Também não podemos reduzi-la apenas a um departamento mais ou menos organizado e atuante da diocese, paróquia ou comunidade.

Tudo isso é importante, mas não basta. É preciso superar as visões redutivas e buscar uma compreensão o mais abrangente possível de Pastoral da Comunicação.

4.1 Vertentes constitutivas da Pastoral da Comunicação

Para penetrarmos no cerne da *Pastoral da Comunicação*, é indispensável considerá-la a partir de suas vertentes constitutivas: a *experiência de Deus*, o *diálogo entre fé e cultura*, e a *prática pastoral*. Esse trinômio e essas vertentes podem ser visualizados a partir de três círculos que se sobrepõem, formando uma única realidade: a *Pastoral da Comunicação*.

Figura 7. Vertentes constitutivas

— *Experiência de Deus*

A primeira vertente constitutiva da Pastoral da Comunicação é a *experiência de Deus*, a dimensão da espiritualidade que nos coloca no coração da Trindade.

Ser cristão não é simplesmente aceitar uma doutrina e ser fiel a determinadas normas, sem dúvida, importantes, mas é seguir aquele que nos atrai a si e conquista o nosso coração: Jesus de Nazaré. É pautar nossa vida segundo os seus ensinamentos e nos tornar semelhantes a ele. Respondendo ao seu chamado, o cristão coloca-se a caminho, seguindo seus passos, movidos pela força do seu Espírito. Assume o projeto do Pai e é enviado a testemunhar e anunciar a Boa-Nova do Reino a todos.

Conhecemos Jesus, Comunicador Perfeito, à medida que seguimos seus passos. O seguimento de Jesus é o lugar teológico da comunicação com a Trindade.

O seguimento de Jesus tem duas dimensões intimamente relacionadas entre si: *estar com Jesus*, o permanecer unido a ele que leva, com Jesus e como Jesus, a fazer a experiência de Deus: é a dimensão da espiritualidade, do ser discípulo; *ser para Jesus*, que leva a dar continuidade à missão de anunciar o Reino de Deus: é a dimensão do ser missionário.

Dessa forma, a pastoral brota de uma experiência de Deus Trindade: do Pai que nos chama a colaborar na obra da salvação;

do Filho, cuja presença e práxis atualizamos; do Espírito sob cujo impulso agimos.

Podemos, então, afirmar que a espiritualidade da comunicação é um modo particular de viver nossa relação filial com Deus Pai, seguindo os passos de Jesus Comunicador, que abrange todo o nosso ser, e se concretiza na docilidade à ação do Espírito que age em nós.

Aderir a Jesus significa ter a coragem de romper com o passado, de modo particular, com a comunicação que oprime e escraviza, e viver a comunicação que supera a distância entre o céu e a terra, entre o tempo e a eternidade. É romper com a ambição do poder e do ter, descendo do pedestal do protagonismo, para assumir a lógica do poder-serviço, expressa por Jesus, na Última Ceia, ao lavar os pés dos discípulos e garantir: "Se vocês compreenderam isso, serão felizes se o puserem em prática" (Jo 13,17).

Optar por Jesus é criar condições para fazer da comunicação uma experiência de comunhão com Cristo e com seu corpo místico, a Igreja. É pautar nossas relações com o próximo nas atitudes fraternas ensinadas por Jesus e no seu amor preferencial pelos mais necessitados e desprezados pela cultura da ostentação e do espetáculo.

Significa ler a realidade na ótica da fé, e optar por uma comunicação que leva à comunhão com o próximo e com Deus. É fazer da comunicação uma forma de serviço e uma expressão de caridade, orientada para os valores da justiça, da paz e da fraternidade.

Nessa comunicação aparece claramente como a comunhão eucarística é a comunicação por excelência que supera todos os limites humanos e se revela como um mistério de comunhão tão profundo que transforma o conjunto de corpos nos membros do único corpo de Cristo, harmonizando as diversidades.

— *Diálogo entre fé e cultura*

A segunda vertente constitutiva da Pastoral da Comunicação é o *diálogo entre fé e cultura*. Esse diálogo está ameaçado pela "ruptura entre cultura e Evangelho".[1]

Como fiel seguidora de Jesus Comunicador, a Igreja – e nela o discípulo missionário – é chamada a participar ativamente da vida do povo, que é, cada dia mais, caracterizada pela cultura midiática. Com essa mesma cultura, é convidada a dialogar a partir dos seus próprios princípios e fundamentos.

Essa participação e esse diálogo implicam o conhecimento e a inter-relação entre os vários campos do saber humano:

- *Saber teológico:* é indispensável ter conhecimento dos princípios fundamentais da nossa fé cristã, pois a teologia ajuda a

---

[1] PAULO VI, *Exortação Apostólica Evangelii Nuntiandi*, n. 20.

perceber as "sementes do Verbo" presentes em cada cultura e na história humana, a descobrir os novos modos de as pessoas se comunicarem com Deus e a ler essas experiências à luz da Palavra Revelada.

- *Saber das ciências humanas e sociais:* elas nos ajudam a desvendar os meandros da mente e do coração humanos, a entender a lógica dos sistemas que rege a realidade sociocultural e a descobrir a linguagem mais apropriada para exprimir a experiência do Espírito que age em nós.

- *Saber tecnológico:* é necessário ter conhecimento básico do funcionamento e dos mecanismos das tecnologias que estão ao nosso alcance e com as quais convivemos no dia a dia. Elas são dom do Criador e fruto da inteligência humana e, quando usadas com respeito e competência, nos aproximam de Deus.

Estamos aqui no campo da urgente e imprescindível formação, integral, querigmática e permanente, do discípulo missionário que contemple harmoniosamente as dimensões humana, comunitária, espiritual, intelectual e pastoral-missionária, respeitosa dos processos pessoais e dos ritmos comunitários, contínuos e graduais.[2]

O diálogo entre fé e cultura, envolvendo o trinômio Evangelho-Igreja-Cultura, deve ter duas características básicas: *con-*

---

[2] CELAM, *Documento de Aparecida*, nn. 279-281.

tinuidade, envolvendo ações não esporádicas, mas processuais em favor da paz, da ecologia, do desenvolvimento e da liberdade entre os povos, particularmente das minorias e dos sujeitos emergentes; *amplitude*, atingindo os vastíssimos areópagos das culturas, da pesquisa científica, das relações internacionais e das políticas públicas.

— *Prática pastoral*

A terceira vertente constitutiva da Pastoral da Comunicação é a *prática pastoral*. No contexto da ação pastoral na Igreja, a *Pastoral da Comunicação* deve ser traduzida em atitudes, palavras e ações, pautadas em Jesus Comunicador, que edificam a comunidade, anunciam a Boa-Nova, e tornam visível o mistério da comunhão Trindade.

A Pastoral da Comunicação precisa ser planejada, a partir da realidade concreta de cada diocese, paróquia ou comunidade. O planejamento da Pastoral da Comunicação é um processo dialógico, participativo e sistemático por meio do qual são estabelecidas as ações e os agentes responsáveis e são determinados os prazos para realização, tendo em vista a eficácia evangelizadora e a consecução das metas estabelecidas.

Não é nosso objetivo dar aqui orientações práticas em relação ao planejamento da Pastoral da Comunicação. Para isso, o leitor pode consultar o subsídio *Novas fronteiras da Pastoral da Comunicação; diretrizes e propostas de atuação*, de autoria de Ir. Élide Maria Fogolari e Rosane da Silva Borges, nesta mesma coleção.

4.2 Dimensão essencial da Igreja

A partir das três vertentes constitutivas, podemos entender melhor as afirmações contidas no livro *Igreja e comunicação rumo ao Novo Milênio*,[3] que define a Pastoral da Comunicação como a pastoral

- do ser/estar em comunhão/comunidade;
- da acolhida e da participação;
- das inter-relações humanas, da organização solidária, do planejamento democrático;
- do uso dos recursos e instrumentos de informação e da manifestação das pessoas no interior da comunidade e da sociedade.

A *Pastoral da Comunicação* é um elemento articulador da vida e das relações comunitárias. É um processo de interação no seio da Igreja, entre pessoas, pastorais, recursos e meios pautados na pedagogia de Jesus Comunicador. É um processo permanente e contínuo de interação entre Igreja-Evangelho-Cultura.

---

[3] CNBB, *Igreja e comunicação rumo ao Novo Milênio* (Estudos da CNBB, n. 75), n. 244.

Nesse sentido, a Pastoral da Comunicação preocupa-se com a vida da comunidade, suscita a participação de seus membros, criando condições para que se expressem com liberdade e responsabilidade. Ocupa-se da gestão democrática dos processos de comunicação.

A Pastoral da Comunicação não limita sua ação ao círculo interno da comunidade, mas aponta para a ampla relação da Igreja com os diversos segmentos da sociedade e se preocupa com o uso adequado de todos os meios possíveis para o exercício de sua missão evangelizadora.

Um dos maiores desafios da Pastoral da Comunicação é a necessidade que tem de defrontar-se constantemente com a contínua mutação que ocorre na cultura da comunicação.

4.3 Pastoral da Comunicação: caminho preferencial para a evangelização

Centrada em Jesus Comunicador e fundamentada na Trindade, a Pastoral da Comunicação permeia a vida e a missão da Igreja. É o caminho preferencial da evangelização que impregna todo o processo de transmissão e de vivência da fé. A evangelização é comunicação, e sem comunicação é impossível evangelizar.

COMUNICAÇÃO E EVANGELIZAÇÃO

As *etapas* do discípulo missionário são:
- encontro com Jesus Cristo
- conversão
- discipulado
- comunhão
- missão

Articulam-se com as *exigências* da evangelização:
- serviço
- diálogo
- anúncio
- comunhão

São expressos pelos *ministérios*:
- da Palavra
- da Liturgia
- da caridade

Operacionalizam-se pastoralmente nos *âmbitos* de ação evangelizadora:
- pessoa
- comunidade
- sociedade

Podemos, assim, traçar o caminho da Pastoral da Comunicação. Ela parte das *etapas* do caminho do discipulado missionário: *encontro com Jesus, conversão, discipulado, comunhão e missão*,[4] as quais se concretizam a partir de uma comunicação intensa e comprometedora consigo mesmas, com o próximo e com Deus, no seguimento de Jesus e na força do seu Espírito.

Estas etapas se complementam intimamente e se alimentam entre si; levam a pessoa do discípulo ao amadurecimento constante no conhecimento, no amor e no seguimento de Jesus Mestre, e a experimentar a necessidade de comunicar aos outros a Boa-Nova de Jesus Cristo. A missão de comunicar o Evangelho é parte integrante do caminho de discipulado.

A formação do discípulo missionário é um itinerário de comunicação que leva à identificação e à comunhão com a Palavra que se fez carne e veio morar entre nós. O cristão só será discípulo missionário se estiver em comunicação, profunda e vital, com a Palavra eterna.

As etapas do discipulado missionário articulam-se e se concretizam nas *exigências* da evangelização: *serviço, diálogo, anúncio, comunhão*,[5] que são também exigências de comunicação pautada no seguimento de Jesus Comunicador.

---

[4]   Cf. CELAM, *Documento de Aparecida*, n. 278.
[5]   CNBB, *Diretrizes gerais da ação evangelizadora da Igreja no Brasil*, n. 51.

A comunicação, que é anúncio da Boa-Nova, é um *serviço* ao povo de Deus e requer dedicação e doação de si, agindo com a sabedoria que vem de Deus, e com um coração terno, misericordioso e compassivo. Inclui o *diálogo* que nasce da escuta atenta do outro, do reconhecimento e aceitação da pluralidade. É *anúncio* de Jesus Cristo, Palavra Viva, centro e ápice da vida cristã, que salva e dá sentido à vida. Leva ao *testemunho de comunhão*, fraterna e solidária, que une no amor todos os que crêem em Jesus Cristo, formando a Igreja, família de Deus.

As *etapas* do discipulado articuladas com as *exigências* se expressam nos ministérios da Palavra, da Liturgia, da caridade, ministérios de comunicação por excelência.

Essas etapas e exigências se operacionalizam nos *âmbitos* da ação evangelizadora: *pessoa*, agente de comunicação que se faz dom, na *comunidade* e na *sociedade*,[6] como lugares de comunicação.

Tendo como horizonte a reflexão realizada nesta primeira parte deste subsídio, a seguir concentraremos nossos esforços para compreender a fundamentação bíblico-teológica da Pastoral da Comunicação e suas implicações para a vida e a missão da Igreja e, nela, para o discípulo missionário.

---

[6] Ibid., n. 56.

A Pastoral da Comunicação é uma

dimensão essencial da Igreja. Evangelizar é comunicar a Palavra que salva e dá sentido à nossa vida, a partir da fragilidade e da mutabilidade das linguagens humanas e na transitoriedade da cultura midiática.

Nesta segunda parte deste subsídio, nosso objetivo é refletir sobre os fundamentos bíblico-teológicos da Pastoral da Comunicação. Ela nasce da capacidade comunicativa do ser humano e de sua identidade de seguidor de Jesus; tem como centro e paradigma Jesus, o Comunicador por excelência, e como fundamento Deus Trindade.

Refletiremos a seguir sobre os seguintes aspectos:

1. *o dom da comunicação:* dimensão antropológica;
2. *Jesus, plenitude da comunicação:* dimensão cristológica;
3. *Trindade, mistério de comunhão:* dimensão trinitária.

Fundamentação Bíblico-Teológica da Pastoral da Comunicação

> A comunicação como um ato social vital nasce com o próprio ser humano e tem sido potencializada na época moderna mediante poderosos recursos tecnológicos. Por conseguinte, a evangelização não pode prescindir, hoje em dia, dos meios de comunicação (*Documento de Puebla*, n. 1.064).

1. O dom da comunicação: dimensão antropológica

> Deus, sumo bem, comunica incessantemente seus dons aos homens, objeto de sua particular solicitude e amor, antes de se comunicar com eles na visão beatífica
> (*Orientação para a formação dos futuros sacerdotes sobre os meios de comunicação social*, n. 1).

Ao contemplarmos extasiados a beleza do universo, percebemos que cada uma das criaturas possui, de modo único e singular, uma força dinamizadora que a coloca em profunda relação consigo mesma, com as demais criaturas e com o seu Criador, aberta ao diálogo e em busca da comunhão plena e total. Essa força, recebida do Criador no ato da criação, é a capacidade comunicativa. No universo, os seres, desde os minúsculos até os gigantes, e os diferentes sistemas, em misteriosa harmonia, formam uma ciranda comunicativa, cujo centro é o próprio Criador.

55

1.1 A Palavra criadora

Os primeiros capítulos do livro do Gênesis narram, de forma poética, a história da Criação, como primeiro gesto comunicativo de Deus, germe e cenário de todas as outras comunicações que vão acontecendo ao longo da história. No começo dos tempos está a Palavra criadora de Deus, expressão de sua vontade livre. Deus comunica sua palavra, e o que ele diz é criado. Ele age por meio de sua palavra e nada resiste ao seu mandato: ao ouvir o som da sua palavra amorosa, a vida desabrocha exuberante. Surgida da Palavra eficaz pronunciada por Deus, a Criação é expressão de seu amor, de sua livre vontade e decisão soberana.

Deus cria com inteligência e amor, deixando impressos em todas as realidades criadas seus traços divinos. Na Criação, a palavra pronunciada é também uma intervenção. Deus fala e intervém no caos, organiza-o e chama os seres à existência, tirando-os do nada. E os seres recebem do Criador o dom de estar em relação comunicativa consigo mesmos, com os outros e com o próprio Deus. Por conseguinte, a palavra é a porta por meio da qual Deus entra, solene e misteriosamente, no universo. A Criação inteira é uma admirável lição de comunicação, e o universo é um hino ao Criador, um cântico de glória, um louvor perene.

Pronunciar uma palavra é voltar-se para alguém; é estabelecer com ele uma relação. Quando Deus dirige a sua palavra para o abismo do nada, a Criação começa a existir e recebe o dom de estar em relação comunicativa com seu Criador. Nessa relação estão o sentido e a dignidade da Criação.

Dirigir uma palavra a alguém é aguardar uma resposta; é iniciar um diálogo, abrindo canais de participação. Pela força da palavra, a Criação é aberta e participativa. A palavra interpela e espera resposta, chama à escuta, à obediência, à fé, à ação. O Criador é, antes de tudo, Pai. De sua paternidade amorosa tudo tem origem. A criação é obra da Trindade: o Pai cria, por meio do Filho, com a presença materna do seu Espírito. O universo e todas as criaturas cantam um hino de glória e louvor perene à Trindade Santa. Por isso, o salmista exclama: "Os céus cantam a glória de Deus, o firmamento anuncia a obra de suas mãos" (Sl 19[18],1).

1.2 Interlocutores de Deus

Deus cria o ser humano a sua imagem e semelhança; é a comunicação mais profunda, fruto do amor que os torna semelhantes, que comunica a própria vida. A criação do ser humano é o momento em que a Palavra adquire maior intensidade, se personaliza e se converte em diálogo. Deus cria um interlocutor.

Ser interlocutor de Deus é ter o privilégio de dialogar com o próprio Criador. Diálogo feito de silêncio fecundo, de escuta ativa e de palavras sábias. É trazer no próprio ser a marca indelével da comunicação divina e, portanto, ser vocacionado à sublime e inefável comunicação-comunhão.

Figura 8. A criação do ser humano[1]

Deus cria o ser humano à sua "imagem e semelhança", dotado de inteligência e vontade livre, capaz de conhecer e de amar, responsável diante do universo. O ser humano é reflexo da inteligência, da vontade e do amor que constitui a natureza da vida e da comunicação trinitária. Ser imagem de Deus é um dom que exige compromisso e empenho em tornar-se semelhante a ele.

A capacidade de falar é a nota característica da comunicação do ser humano, interlocutor de Deus e protagonista de sua história. A história da salvação será uma história de comunicação.

Fruto da Palavra comunicativa de Deus, o ser humano vai tomando consciência de sua identidade comunicando-se. A arte de comunicar-se é um aprendizado progressivo que exige confronto com a alteridade, capacidade de acolher o diferente. É uma en-

---

[1] Detalhe do teto da Capela Sistina, no Vaticano. Afresco de Michelangelo.

cruzilhada em que estão em jogo experiências profundas de amor e de ódio, de comunhão e de solidão que levam à maturidade pessoal e à comunhão ou ao isolamento, expressão mais radical do fracasso humano.

A pessoa humana vai construindo sua identidade na relação com os seus semelhantes. Realiza-se progressivamente, à medida que vive o diálogo e a doação para com o próximo. Sente nostalgia de poder se comunicar profunda e autenticamente. Essa marca que trazemos dentro de nós é o reflexo daquele que nos criou.

A verdadeira comunicação, que está na raiz do ser pessoa, é uma ponte de mão dupla entre o eu e o tu, entre o eu e o próximo, entre o eu e o transcendente. Para desabrochar, tem necessidade de tempo, de espaço, de sentir-se bem por estar junto.

1.3 Deus cria comunicando vida

A palavra criadora de Deus é, ao mesmo tempo, palavra comunicadora de vida. Deus cria, chamando as criaturas à vida. E elas respondem e começam a existir. A comunicação divina é geradora de alegria, de plenitude, de gozo, de vida em plenitude. A incomunicação é geradora de tristeza, de abandono, da solidão, da morte.

Desde a sua origem, existe uma relação, íntima e profunda, entre comunicação e vida. A comunicação que não gera a vida, que não defende a vida onde quer que ela esteja ameaçada, que semeia a discórdia e a violência, é uma contradição, porque está contra a própria essência da comunicação.

A comunicação de Jesus, Perfeito Comunicador, gera vida nova. Ele luta contra todos os males que oprimem a vida. Ele afirmou: "Eu vim para que todos tenham vida e a tenham em abundância" (Jo 10,10). A comunicação que promove, desenvolve e realiza a pessoa tem seu ponto de referência em Cristo, Palavra viva e eficaz.

1.4 A história da comunicação de Deus com os seres humanos

Deus não só cria comunicando, mas mantém uma perene comunicação com suas criaturas. O diálogo de Deus com a humanidade, que tem início na Criação, se prolonga na história da salvação, tendo momentos de crise e de constantes retomadas, sustentadas pelo incansável amor comunicativo de Deus.

A Bíblia pode ser lida como a história da comunicação entre Deus e os seres humanos e dos próprios seres humanos entre si, no esforço ininterrupto de compreender os caminhos de Deus e de superar os obstáculos para a realização de seu projeto de amor.

Revelação, aliança e profecia são três coordenadas da comunicação na história da salvação.

A comunicação de Deus que sai do seu mistério e vem ao encontro do ser humano, estabelecendo com ele um diálogo de amor em vista da salvação, chamamos de revelação. Ela acontece na história, lugar privilegiado da manifestação do agir de

Deus. A história da salvação é a progressiva revelação de Deus ao seu povo. Deus se comunica ao ser humano, convidando-o a participar de sua vida divina e a estabelecer com ele comunhão plena e total. A comunicação é parte integrante e essencial da revelação cristã.

As sucessivas revelações de Deus conduzem à aliança, compromisso que envolve as duas partes: Deus e o ser humano, na qual a comunicação se converte em comunhão. Na aliança, Deus que é fiel se compromete e exige uma resposta comprometida por parte do ser humano.

Quando o povo se desvia dos caminhos do Senhor, Deus suscita profetas com a missão de denunciar o pecado que é a ruptura da comunicação e da comunhão de Deus. A profecia, presente na história da salvação, reafirma a fidelidade de Deus e convoca o povo para a conversão.

A comunicação de Deus é eficaz e cumpre seus objetivos:

- Deus se comunica para salvar.
- Deus se comunica para dar uma Lei.
- Deus se comunica para estabelecer aliança e fazer promessas.
- Deus se comunica para revelar o seu amor.
- Deus se comunica, por meio de seu Filho, Jesus, e revela seu rosto terno e misericordioso.

A pedagogia comunicativa de Deus expressa na história da salvação tem algumas características particulares: a iniciativa é de Deus, que age com gratuidade e liberdade, comunicando-se de forma dialógica, pessoal, histórica, progressiva e inculturada. A realidade histórica é o lugar onde acontece a revelação e a salvação. Deus se faz presente na história do seu povo e caminha à sua frente. O amor do Pai se revela na história. Trata-se de ver a realidade com os olhos da fé e movidos por um coração compassivo e misericordioso.

Toda autêntica comunicação interpessoal nasce do mistério do Pai, do Filho e do Espírito Santo, em incessante diálogo, a partir do qual, no qual e pelo qual o homem e a mulher foram criados. A Trindade está sempre em comunhão entre si e com os outros, por isso é mestra e mãe da comunicação. Toda criatura humana traz em si a marca da Trindade, que a criou. Esta marca se manifesta na capacidade e na necessidade de estabelecer relação com os outros, de comunicar-se.

2. Jesus, plenitude da comunicação: dimensão cristológica

Jesus é a Palavra de Deus que se fez carne e veio morar no meio de nós (cf. Jo 1,14). Supremo comunicador do Pai, optou por um processo inculturado e dialógico de comunicação, que se apresenta como um modelo básico para todos os projetos de comunicação de sua Igreja (*Igreja e comunicação rumo ao Novo Milênio*, n. 1).

Jesus, que declarou ser o Caminho, a Verdade e a Vida (cf. Jo 14,6), é a plenitude da comunicação entre Deus e a humanidade. Sua vida, missão, morte e ressurreição encerram o mais perfeito e eficaz modelo de comunicação de todos os tempos e lugares. Ele é o sacramento do encontro do ser humano com Deus.

Em Cristo Jesus se sintetizam todos os elementos que constituem o processo comunicativo. Ele é, ao mesmo tempo, emissor, código, conteúdo, meio, mensagem e receptor. E nessa contemporaneidade Jesus não revelou um conjunto de verdades abstratas. A sua comunicação foi uma comunicação interpessoal plena e, ao mesmo tempo, informativa, provocativa.

2.1 Jesus, Deus conosco

Jesus não se limitou a estabelecer simples relação entre Deus e a humanidade por meio de palavras e gestos, mas ele mesmo, assumindo a natureza humana, torna-se Palavra viva e eficaz e personaliza essa relação; ele é o próprio mediador que está contemporaneamente diante do Pai, como Filho e junto à humanidade como irmão.

Jesus não é apenas alguém que fala palavras sublimes sobre Deus, não é somente aquele que leva a mensagem de Deus, mas ele mesmo é, na plenitude do seu ser, a Palavra eterna de Deus que se fez um de nós; ele é a própria mensagem encarnada.

Desse modo, Jesus não é apenas o ponto de encontro entre o divino e o humano; ele é o Deus conosco e possibilita uma comunicação autêntica entre Deus e o ser humano; é a garantia de uma tradução perfeita da vontade e do amor divinos em termos humanos. Assim, podemos dizer que ele é, ao mesmo tempo, *código do Pai* que torna visível seu rosto eterno e misericordioso; e *decodificador* do projeto do Pai para nós. Nele se realiza um processo de transcodificação do pensamento divino no nível da linguagem humana.[1]

A partir da encarnação do Verbo, a experiência de fé comunicacional acontece no cotidiano: na corporeidade, na fragmentação, no provisório, na ambiguidade.

---

[1] Cf. POLI; CREA; COMODO, *Liderança e comunicação na vida religiosa*, pp. 60-61.

Como Palavra encarnada, Jesus comunica ao ser humano a vida que ele recebe do Pai. A comunicação de Jesus não foi simples manifestação dos pensamentos da mente ou expressão dos sentimentos do coração, mas verdadeira e profunda doação de si mesmo.

2.2 A comunicação de Jesus com o Pai na oração

Figura 9. Jesus orante

No misterioso diálogo orante, Jesus discerne a vontade do Pai e encontra coragem e força no serviço missionário em favor do ser humano. Há nele um espaço destinado à morada do Pai. O evangelista Lucas sublinha a fidelidade de Jesus comunicando-se com o Pai em atitude de oração.

"Ele, porém, se retirava para lugares desertos, onde se entregava à oração" (Lc 5,16).
"Jesus foi à montanha para orar. Passou a noite toda em oração a Deus" (Lc 6,12).
"Jesus estava orando a sós" (Lc 9,18).
"Jesus subiu à montanha para orar" (Lc 9,28).
"Um dia, Jesus estava orando num certo lugar" (Lc 11,1).
"Então, afastou-se dali, à distância de um arremesso de pedra, e, de joelhos, começou a orar" (Lc 22,41).

Por meio de gestos e palavras, Jesus manifesta sua relação única com o Pai e, ao mesmo tempo, o seu querer estar com as pessoas.

2.3 A comunicação de Jesus no anúncio do Reino

Jesus foi um excelente pregador. Anunciou o Reino de Deus com entusiasmo, convicção e autoridade de mestre e de profeta. Sua pregação surpreendia os ouvintes: "Ninguém jamais falou como este homem" (Jo 7,46). Seu discurso é novo e envolvente, penetra nas profundezas do ser, não só pela novidade, mas também pelo seu conteúdo autêntico e provocador.

Figura 10. Jesus anuncia o Reino

No exercício de sua missão de missionário itinerante, Jesus usou uma fascinante e diversificada metodologia didática, mediante a utilização de variados "gêneros literários": discursos, parábolas, ditos sapienciais, palavras unidas aos fatos. Comunicou, de forma envolvente e transformadora, com suas atitudes originalíssimas em relação aos pobres, aos marginalizados, aos doentes, aos necessitados, aos inimigos, às mulheres, às crianças, à lei, ao templo.

Sua itinerância não era um simples caminhar de um lugar para outro, mas tinha a função de revelar e levar à plenitude a sua missão redentora. Suas comunicações foram todas elas salvíficas.

Por meio dos milagres, sinais da presença providente de Deus na história, Jesus restabelecia a comunicação bloqueada ou interrompida, reintegrando a pessoa na comunidade. Comunicou com seus gestos, seus silêncios, seus olhares. Com suas palavras e seus gestos e seu silêncio, Jesus estimula e encoraja a comunicação, a amizade, a convivência, a fraternidade.

O chamado dos discípulos ao seu seguimento foi uma comunicação e uma partilha de vida e de projetos apostólicos.

2.4 A comunicação de Jesus na cruz

Figura 11. Jesus na cruz

O gesto supremo da comunicação de Jesus foi a sua morte na cruz e sua ressurreição, comunicação total que se perpetua na Eucaristia, o sacramento da perene comunhão com ele.

Tomar Jesus Cristo como modelo de comunicador significa fazer próprio o seu método comunicativo na sua essência profunda, certamente não nos seus modos concretos; significa tornar próprio o objetivo redentor que motivou toda a existência terrena de Jesus.

Servo Sofredor, Jesus oferece sua vida pelo resgate de muitos, e sua morte é interpretada pelas primeiras comunidades cristãs como sacrifício de reconciliação, de comunicação, em vista da comunhão de toda a humanidade com Deus. Por amor, Jesus assume a tragédia da dor e da morte, consequência do pecado da incomunicação e do desamor, transformando-os em sinal supremo de amor e em caminho eficaz de salvação.[2] O martírio de Jesus na cruz é a mais contundente comunicação do sentido e da dignidade da vida. Nada pode justificar que a vida seja desprezada ou aviltada. Essa lição é tão importante e sagrada que, para ensiná-la, Jesus, paradoxalmente, entregou o seu maior bem: sua própria vida, na mais eloquente denúncia de todos os males que ameaçam a existência.

A cruz de Jesus revela que o caminho para entender o mistério de Deus crucificado não é a razão comunicativa, mas a comunicação amorosa de Deus, acolhida na lógica da fé em Jesus, o Messias, que é para nós Palavra viva e eficaz, e imagem de Deus.

2.5 A comunicação de Jesus na sua ressurreição

Os discípulos interpretaram o significado da morte de Jesus a partir da experiência especial de comunicação com o Ressuscitado. A ressurreição é a ótica a partir da qual os primeiros cristãos reinterpretaram a comunicação de Jesus durante sua vida histó-

---

[2] Cf. DECOS-CELAM, *Para uma teologia da comunicação na América Latina*, p. 132.

rica. A morte de Jesus na cruz é vista como momento supremo de um plano de amor, uma etapa dolorosa, mas densa de significado na comunicação de Deus com o ser humano, uma passagem para a ressurreição.

Pela ressurreição, a morte é vencida e inaugura-se um tipo de vida não mais regido pelos mecanismos de desgastes e de morte, pelo ódio da incomunicação, mas vivificado pela própria vida divina, que se autocomunica para gerar comunhão.

A ressurreição do Crucificado por parte de Deus transforma a cruz. Ela não deixa de ser expressão da capacidade humana de crueldade e destruição e mostra que a ressurreição do Crucificado é o grande gesto de amor comunicativo do Pai para com seu Filho, na força do Espírito e, por meio dele, para com toda a humanidade.

À luz da ressurreição, a cruz de Jesus não é mais suplício vergonhoso. Assumindo-a, Jesus a transformou em sinal de liberdade de tudo aquilo que a provocou: o fechamento autossuficiente, a ruptura na comunicação, a mesquinharia e o espírito de vingança.

A ressurreição transforma o enigma da cruz em mistério de salvação. A desgraça histórica se converte em lugar de graça libertadora. A cruz do silêncio e do abandono se converte em amor comunicativo de Deus.

João, no prólogo do seu Evangelho, afirma que Jesus é a Palavra pronunciada pelo Pai desde toda a eternidade, que estava junto dele e que se identifica com ele (cf. Jo 1,18). O apóstolo Paulo, por sua vez, ensina que Jesus é a imagem do Deus invisível (cf. Cl 1,15). Palavra e imagem são dois elementos constitutivos do ato de comunicar. Jesus personaliza, de forma única e singular, esses dois elementos.

2.6 No princípio era a Palavra

A palavra faz parte de nosso cotidiano. A cada momento nós ouvimos ou pronunciamos palavras. Do ponto de vista humano, a palavra é um pensamento revestido de sons harmoniosos para ser comunicado; é uma ideia que percorre o caminho do mundo do espírito para a matéria. É expressão da riqueza do nosso mundo interior povoado de sentimentos e sonhos, medos, dores e esperanças.

Diariamente ouvimos milhões de palavras. Algumas são causa de alento e coragem, outras de sofrimento e incompreensão. A palavra é espada de dois gumes, pode tanto curar como ferir, tanto aliviar como reprimir.

A palavra sábia e eficaz nasce e amadurece no silêncio e se torna mensagem de vida e de esperança para os que a escutam. Comunicar não é apenas *tornar comum* uma ideia, uma informação, pois o sujeito que fala também coloca algo de si em cada palavra pronunciada.

Na história da salvação, Deus Pai, com ternura e misericórdia, dirigiu ao ser humano numerosas e sábias palavras. "Muitas vezes e de muitos modos, Deus falou pelos profetas" (Hb 1,1). Quanto se completou o tempo previsto em seu eterno desígnio de amor (cf. Gl 4,4), falou por meio de seu Filho, Jesus. Ele é a Palavra do Pai, nova, última e definitiva. Não precisamos esperar outras: "A quem nós iremos, Senhor? Só tu tens palavras de vida eterna" (Jo 6,68). Todas as demais palavras devem ser discernidas à luz da Palavra que se fez carne.

As palavras de Jesus clareiam o significado de todas as palavras humanas. Nele e por meio dele, a Palavra eterna de Deus se torna visível e adquire uma eficácia extraordinária. A Palavra-Pessoa Divina se faz carne e vem morar no meio de nós (cf. Jo 1,14). Nenhuma palavra humana é mais viva e mais poderosa que essa (cf. Hb 4,12). Participante do mesmo poder da Palavra criadora de Deus (cf. Gn 1,3ss), está destinada a dar frutos, a produzir efeitos prodigiosos.

De fato, conforme narra o evangelista Marcos, Jesus fala e sua palavra é eficaz:

- Jesus fala e os cegos veem (cf. Mc 10,46-52).
- Jesus fala e a lepra desaparece (cf. Mc 1,40-42).
- Jesus fala e os espíritos imundos fogem (cf. Mc 1,21-28).
- Jesus fala e a tempestade se acalma (cf. Mc 4,35-41).
- Jesus fala e o pão é multiplicado (cf. Mc 6,33-44).
- Jesus fala e os mortos ressuscitam (cf. Mc 5,35-43).
- Jesus fala e os pecados são perdoados (cf. Mc 2,1-12).

No Prólogo, o evangelista João apresenta seis atributos da Palavra.

1. *Palavra divina.* "No princípio era a Palavra, e a Palavra estava junto de Deus, e a Palavra era Deus" (Jo 1,1). A Palavra é a personalização de Deus, seu ser em comunicação em vista da comunhão. Jesus é o Emanuel, o Deus conosco, Palavra de Deus encarnada, comunicação primigênia, desde toda a eternidade e em todos os tempos.

2. *Palavra criadora.* "Todas as coisas foram feitas por meio dela, e sem ela nada foi feito de tudo o que existe. Nela estava a vida e a vida era a luz da humanidade. E a luz brilha nas trevas, e as trevas não a receberam" (Jo 1,3-5). A palavra, pronunciada pelo Pai desde toda a eternidade, cria chamando, num gesto dialogal que abre um espaço para a resposta daqueles que a escutam e nascem dela.

3. *Palavra testemunhal.* "Veio um homem enviado por Deus, seu nome era João. Ele veio como testemunha, a fim de dar testemunho da luz, para que todos cressem por meio dele. Ele não era a luz, mas veio para dar testemunho da luz" (Jo 1,6-8). Não podemos entender Jesus isolado das outras testemunhas da história, que culminam de algum modo em João Batista: ele não era a luz, mas veio dar testemunho da luz, abrindo assim o caminho de fé que culmina na Palavra encarnada. Desse modo, o Evangelho nos situa na realidade da história.

4. *Palavra reveladora.* "Existia a luz verdadeira, que ilumina todo ser humano vindo a este mundo. Ela estava no mundo, e o mundo foi feito por meio dela, mas o mundo não a recebeu" (Jo 1,9-10). João destaca o valor da luz, na qual adquirem sentido e culminam os dois gestos principais da atividade messiânica de Jesus: é sábio, sua mensagem ilumina; é carismático, abre os olhos dos cegos. A luz de Cristo, Palavra encarnada, está presente nas entranhas do mundo, espaço em que as pessoas podem partilhar a vida.

5. *Palavra geradora.* "Veio para os seus e os seus não a receberam. Mas a todos os que a receberam, deu-lhes o poder de se tornarem filhos de Deus. Estes foram gerados não do sangue, nem da vontade da carne, nem da vontade do homem, mas de Deus" (Jo 1,11-12). Sendo princípio e sentido de tudo o que existe, a Palavra-Luz vem na humildade, sem impor-se, de maneira que mesmo os que são destinatários dela podem recusá-la.

6. *Palavra encarnada.* "A Palavra se fez carne e habitou entre nós e nós vimos a sua glória, glória do unigênito do Pai, cheio de graça e de verdade" (Jo 1,14). Essa é uma confissão histórica que nos coloca de novo diante de Jesus de Nazaré, quando começa na Galileia sua atividade missionária. Por isso, para entendê-la temos que voltar ao início, para refazer o caminho. Ao mesmo tempo, é uma confissão pascal e nos leva à meta de Jesus, lá onde o amor que se entrega até a morte aparece como

fundamento de vida para os homens, no próprio seio de Deus. Essa Palavra eterna se fez carne e também imagem de Deus.

2.7 Jesus, imagem do Deus invisível

Figura 12. Jesus, imagem viva de Deus

A cultura da comunicação privilegia a imagem, atribuindo-lhe uma força comunicativa especial. Vivemos rodeados de imagens, algumas positivas que transmitem paz, segurança e bem-estar; outras negativas que retratam a violência, a insegurança e o desrespeito à dignidade humana.

Estamos acostumados a apreciar as imagens bonitas e a rejeitar as que catalogamos como feias. Entretanto, nem sempre é fácil dar uma definição abrangente do que é imagem. De modo geral, podemos afirmar que é a ponte que se cria entre o invisível e o visível, entre o abstrato e o concreto. Seu potencial comunicativo tem suas raízes no ser que ela representa. Para expressar a riqueza do seu mundo interior, o ser humano recorre a imagens, criando uma riqueza imensa de metáforas.

A linguagem bíblica caracteriza-se pelo uso das imagens, para exprimir com maior intensidade a relação de Deus com o ser humano. O uso dessas metáforas, tais como "casa", "caminho", "árvore", entre outras, não deve ser confundido com a proibição contida na lei de Moisés de fabricar imagens de Deus. O mandato "não farás para ti imagens" ensina-nos que nós devemos ser transfigurados em imagens vivas de Deus, no seguimento de seu Filho, Jesus, na força do Espírito.

Deus não limitou sua comunicação à mediação da palavra, mas a estendeu até o limite da encarnação, em que o Verbo assume a imagem humana. Jesus de Nazaré é a Palavra e também a imagem viva e perfeita do Deus invisível. Nele, palavra e imagem se identificam. São João afirma que "a Palavra se fez carne e veio morar entre nós" (1,14). E ele dá testemunho de que os discípulos não só ouviram a sua voz, mas o viram, o contemplaram e o tocaram. "O que era desde o princípio, o que ouvimos, o que vimos com os nossos olhos, o que contemplamos e nossas mãos apalparam do Verbo da vida [...], isso vo-lo anunciamos" (1Jo 1,1-2).

Jesus é simultaneamente o Deus visível e a imagem do Deus invisível. A história humana de Jesus não é uma simples representação do Pai, mas é a imagem que revela o Pai ao mundo, é a imagem humana de Deus. Nele a transcendência e a imanência se encontram e se harmonizam. Por isso, não precisamos nos deter em detalhes a respeito da aparência física de Jesus. O importante é sua palavra viva que liberta o coração. Antes de ver, é preciso ouvir e crer na sua presença salvadora na Igreja e na pessoa do irmão.

Apresentar Jesus como "imagem do Deus invisível" (Cl 1,15) é ampliar o leque das mediações comunicativas: não só a comunicação auditiva, mas também a comunicação visual. Essa imagem que não se identifica com a preocupação com a estética e a beleza física que a mídia tanto aprecia, mas atinge o mistério do ser humano.

A grandeza e a beleza da imagem do Deus invisível que é Jesus pode ser percebida por meio das ações que ele realiza em favor do povo.

- Jesus chama pessoas ao seu seguimento: "Segui-me, e eu vos farei pescadores de homens" (Mc 1,17); é a imagem perfeita da partilha e da comunhão fraterna.

- Jesus ensina "como quem tem autoridade" (Mc 1,27); é a imagem perfeita do Mestre.

- Jesus anuncia: "Convertei-vos, pois o Reino dos céus está próximo" (Mt 4,17); é a imagem perfeita do profeta.

- Jesus reza: "Jesus foi à montanha para rezar e passou a noite toda em oração a Deus"; é a imagem perfeita do ser humano que acolhe e realiza a vontade do Pai (cf. Lc 6,12).

- Jesus cura: "Grandes multidões o seguiram, e ele curou a todos" (Mt 12,15); é a imagem perfeita do poder misericordioso de Deus Pai que age em favor do ser humano.

- Jesus caminha: "E vós sabeis o caminho para onde eu vou" (Jo 14,4); é a imagem personificada do mediador que une o céu à terra.

Jesus é Caminho comunicativo que leva ao Pai; Verdade comunicativa que revela o Pai, no Espírito; Vida comunicativa que transmite as abundantes riquezas do Pai, no Espírito.

No Novo Testamento, encontramos diferentes títulos atribuídos a Jesus. Eles evidenciam a riqueza da imagem polissêmica da pessoa de Jesus e da sua comunicação.

1. *Messias:* "Começo da Boa Notícia de Jesus, o Messias, o Filho de Deus" (Mc 1,1).

2. *Mestre:* "Rabi, sabemos que tu és um mestre vindo da parte de Deus" (Jo 3,2).

3. *Profeta:* "Quando Jesus entrou em Jerusalém, toda a cidade ficou agitada e perguntavam: Quem é ele? E as multidões respondiam: É o profeta Jesus, de Nazaré da Galileia" (Mt 21,10-11).

4. *Pastor:* "Eu sou o Bom Pastor. O Bom Pastor dá a vida pelas suas ovelhas" (Jo 10,11).
5. *Salvador:* "Eu anuncio para vocês a Boa Notícia, que será uma grande alegria para todo o povo: hoje, na cidade de Davi, nasceu para vocês um Salvador, que é o Messias, o Senhor" (Lc 2,10-11).
6. *Servo:* "Eu, porém, estou no meio de vós como aquele que serve" (Lc 22,27).

– *Imagens usadas por Jesus nas parábolas*[3]

	Mateus	Marcos	Lucas
A lâmpada sob o alqueire	5,14-16	4,21-22	8,16; 11,33
As casas construídas sobre rocha e areia	7,24-27	6,47-49	
O remendo novo em roupa velha	9,16	2,21	5,36
O vinho novo em odres velhos	9,17	2,22	5,37-38
O semeador e os solos diferentes	13,3-9.18-23	4,3-8.13-20	8,5-8.11-15
A semente de mostarda	13,31-32	4,30-32	13,18-19
O joio e o trigo	13,24-30.36-43		
O fermento na massa	13,33		13,20-21
O tesouro escondido	13,44		
A pérola de grande valor	13,45-46		
A rede	13,47-50		
A ovelha desgarrada	18,12-14		15,4-7

---

[3] DRANE, *Enciclopédia da Bíblia*, p. 183.

	Mateus	Marcos	Lucas
Os dois devedores (o servo implacável)	18,23-25		
Os operários da vinha	20,1-16		
Os dois filhos	21,28-32		
Os arrendatários homicidas	21,33-44	12,1-9	20,9-16
O banquete nupcial	22,2-14		
A figueira como anúncio do verão	24,32-33	13,28-29	21,29-31
As dez virgens	25,1-13		
Os talentos (Mateus); as moedas (Lucas)	25,14-30		19,12-27
As ovelhas e os cabritos	25,31-46		
A semente que germina por si só		4,26-29	
O credor e os devedores			7,41-50
O bom samaritano			10,30-37
O amigo em necessidade			11,5-10
O rico insensato			12,16-21
Os servos vigilantes			12,35-40
O intendente fiel			12,42-48
A figueira estéril			13,6-9
O lugar de honra no banquete de núpcias			14,7-14
O grande banquete e os hóspedes relutantes			14,16-24
Calcular a despesa			14,28-33
A moeda perdida			15,8-10
O filho perdido			15,11-32
O intendente desonesto			16,1-8
O homem rico e Lázaro			16,19-31
O mestre e o servo			17,7-10
A viúva e o juiz			18,2-8
O fariseu e o publicano			18,10-14

3. Trindade, mistério de comunhão: dimensão trinitária

> Cristo é modelo de comunicador; nele, Deus, o totalmente Outro, sai ao nosso encontro e espera uma resposta livre. Este encontro de comunhão com ele é sempre crescimento. É o caminho da santidade
> (*Documento de Santo Domingo*, n. 279).

Fiel ao nosso objetivo inicial de refletir sobre os fundamentos bíblico-teológicos da Pastoral da Comunicação, percorremos até aqui um caminho simples que nos levou, na primeira parte, a aprofundar a expressão Pastoral da Comunicação. Nesta segunda parte, consideramos o dom, que recebemos de Deus, de sermos seres comunicativos, refletimos sobre Jesus de Nazaré, o Deus conosco, centro e modelo de comunicação para nós.

Ao comunicar-se com seus discípulos, num momento de profunda intimidade, depois de ter instituído a Eucaristia e de nos ter dado o mandamento novo do amor, Jesus se autorrevelou como o Caminho que nos leva ao Pai e traz o Pai até nós; a Verdade que nos revela os segredos do Pai, na força do Espírito; a Vida em plenitude (cf. Jo 14,6).

Jesus é o Caminho comunicativo, a Verdade comunicativa e a Vida comunicativa. Por conseguinte, seguindo seus passos, nele e por ele, conhecemos a Trindade Santa, pois ele mesmo também garantiu: "O Pai está em mim e eu estou no Pai" (Jo 10,38). "Quem me vê, vê o Pai" (Jo 14,9). E afirmou ainda: "O Espírito Santo que o Pai vai enviar em meu nome, ele ensinará a vocês todas as coisas e fará vocês lembrarem tudo o que lhes disse" (Jo 14,26).

3.1 A Trindade, fundamento de comunicação

O Deus cristão é Trindade: Pai, Filho e Espírito Santo. Nela a mais perfeita unidade e a mais rica pluralidade coincidem: um só Deus e três pessoas. Deus é único, mas não solitário. As três pessoas são distintas entre si por suas relações de origem: o Pai gera o Filho, o Filho é gerado, e o Espírito Santo procede de ambos.[1] Entre as três pessoas há uma relação de comunhão, e a unidade reside na comunicação que existe entre elas.

A vida intratrinitária é uma profunda e inexaurível comunicação entre as Pessoas Divinas. O Pai, no seu inefável mistério de amor, gera o Filho, comunicando-lhe tudo o que é e possui. O Filho volta-se eternamente para o Pai, entregando-se a ele na perfeita obediência. Ele é a face do Pai: recebe do Pai o seu ser

---

[1] Cf. IGREJA CATÓLICA, *Catecismo da Igreja Católica*, n. 254.

e conduz todos os seres ao Pai. Jesus mesmo refere-se muitas vezes à sua relação com o Pai: "Eu estou no Pai e o Pai está em mim" (Jo 14,11).

Por força de sua relação filial, Jesus revela, de modo único e singular, o Pai, e comunica a novidade do seu rosto misericordioso, por meio do anúncio do Reino, presente em nosso meio na sua própria pessoa.

O Espírito Santo procede do Pai e do Filho; é dom perfeito e pessoal do diálogo de amor entre o Pai e o Filho. "Eu rogo ao Pai e ele vos dará outro Paráclito, para que permaneça convosco para sempre, o Espírito de Verdade" (Jo 14,16-17).

Elemento fundamental da comunhão intratrinitária é o fato de que a união entre as Pessoas Divinas não suprime as diferenças e a individualidade própria de cada uma. Antes, as diferenças são pressupostos da união. Por meio da comunhão recíproca, as três Pessoas Divinas constituem o único Deus Amor. E o amor é e será sempre um grande e inexaurível mistério de comunhão.[2] O amor infinito do Pai por nós se torna visível e experimentável no amor demonstrado por Jesus a todos e comunicado a todos. Jesus comunica, de maneira definitiva e inequívoca, o rosto de Deus uno e trino, no qual unidade não significa solidão, e a multiplicidade não significa dispersão.[3]

---

[2] Cf. POLI; CARDINALI, *La comunicazione in prospettiva teologica*, p. 28.
[3] Cf. CONFERÊNCIA EPISCOPAL ITALIANA, *Comunicazione e missione*.

As palavras de Jesus deixam transparecer a comunicação e a comunhão profundas no seio da Trindade que estão na raiz de toda a comunicação humana. O processo de comunicação que se realiza na intimidade das três Pessoas Divinas se expande envolvendo o ser humano, vocacionado a participar desse fluxo comunicativo num grande abraço que inclui todos os seres criados. Todos são chamados a tomar parte desse grande fluxo comunicativo.

A pessoa humana é comunicação, palavra e imagem; comunicando-se, dá e recebe, interage e vive desse intercâmbio fecundo. Somente a partir do mistério da comunhão trinitária é possível perceber a sublime vocação do ser humano à comunicação e compreender o verdadeiro significado e o valor da comunicação humana.

3.2 A comunicação da Trindade na Páscoa de Jesus

A plenitude da comunicação de Deus com o ser humano acontece na pessoa de Jesus de Nazaré, verdadeiro Deus e verdadeiro ser humano. Essa comunicação, dom de amor gratuito da Trindade Santa, tem seu ápice na entrega de Jesus na cruz.

Figura 13. A Trindade na cruz

O Pai, em profundo e doloroso silêncio, está presente na cruz e, num gesto de amor gratuito, oferece seu Filho: "Deus não poupou seu próprio Filho e o entregou por todos nós" (Rm 8,32). O Filho está pregado na cruz e, num abismo de dor e de perdão, ele se oferece ao Pai, entregando-se por amor à humanidade. O Espírito está presente entre o Pai e o Filho, une e separa um do outro em amoroso êxtase, como sinal de comunhão entre os dois e como fruto do dom que Jesus faz de sua vida.[4]

---

[4] Na Igreja de Santa Maria Novella, de Florença, Itália, existe uma representação da Trindade de Masaccio, que é chamada a Trindade na Cruz. Esta imagem é uma representação iconográfica da teologia da cruz, considerada como revelação da Trindade Santa (cf. MARTINI, *O Evangelho na comunicação*, p. 36).

A história da salvação é um grande ato de comunicação divina que inclui silêncio profundo, palavra eficaz, encontros transformadores, e também momentos de crise e de ruptura: tudo isso acontece de forma plena no martírio de Jesus na cruz. O Cardeal Martini afirma: "Se quisermos aprender a nos comunicar, devemos contemplar a cruz, deixar-nos iluminar pelo Filho crucificado".[5]

A Trindade crucificada se torna ícone. Este ícone revela a profundidade da comunicação recíproca das Pessoas Divinas que se faz dom à humanidade e convida a entrar nesse círculo de amor. O Filho crucificado, rejeitado pela humanidade, "veio para o que era seu, mas os seus não o receberam" (Jo 1,11), é causa de salvação. Da morte por amor, surge a vida nova. "Toda a Trindade se envolve no ato da comunicação da vida divina ao mundo, fundamentando, assim, toda autêntica comunicação inter-humana."[6]

Aceitando livremente o martírio, Jesus realiza a mais sublime comunicação de si mesmo à humanidade, uma comunicação que não segue os ditames dos potentes meios de comunicação, preocupados com o sensacionalismo e o espetáculo. A comunicação de Jesus subverte a lógica humana e, por isso, gera perplexidade e diante dela é impossível permanecer indiferente.

---

[5] Ibid., p. 38.
[6] Ibid., p. 99.

3.3 O Espírito Santo, agente de comunicação

O Espírito Santo é o agente central da comunicação intratrinitária. É o elo de comunicação entre o Pai e o Filho, vértice do amor-comunhão entre as Pessoas Divinas. Esse amor é fonte de vida plena. As primeiras páginas do Gênesis apresentam o Espírito que paira sobre o caos primordial, vivificando-o e originando o cosmo e a vida de cada criatura. A comunicação e a comunhão são condições essenciais para o desenvolvimento da vida; o ódio e a incomunicação são canais de morte.

De modo análogo, o Espírito Santo esteve presente no início da nova criação, quando Maria, a cheia de graça, escolhida pelo Pai, recebeu o anúncio do nascimento do homem novo, Jesus, o Salvador da humanidade. Maria, a mãe daquele no qual habita a plenitude da divindade (cf. Cl 2,9), é a obra-prima da missão do Filho e do Espírito realizada na plenitude dos tempos.

Desde o momento da encarnação no seio de Maria, Jesus é o Filho, ungido pelo Espírito e pelo Pai, e ele vai manifestando, gradualmente, essa realidade durante sua vida pública. O Espírito está presente na vida de Jesus como dom do Pai à humanidade e ele o revela plenamente depois de sua morte e ressurreição.

Como agente de comunicação e de comunhão, o Espírito Santo tem a missão de ensinar. Seu ensinamento não é uma simples instrução, mas ele tem a tarefa de guiar a comunidade até o completo conhecimento da verdade: "O Espírito, que o Pai vai enviar em meu nome, ele ensinará a vocês todas as coisas e fará vocês lembrarem tudo o que eu lhes disse" (Jo 14,26). "O Espírito de Verdade encaminhará vocês para toda a verdade" (Jo 16,13). A missão de Cristo e do Espírito Santo se prolonga na Igreja. "O Espírito Santo que Cristo, Cabeça, derrama em seus membros, anima e santifica a Igreja. Ela é sacramento da Comunhão da Santíssima Trindade e dos homens."[7] O Espírito Santo é agente central da comunicação de Deus com a humanidade, da comunhão intereclesial e da atividade missionária da Igreja.

---

[7] IGREJA CATÓLICA, *Catecismo da Igreja Católica*, n. 747.

Conclusão: dar novo impulso à Pascom

Figura 14. Expansão da Pastoral da Comunicação

A Pastoral da Comunicação fundamenta-se na Trindade, concretiza-se no seguimento de Jesus, Comunicador Perfeito, e vai se expandindo até atingir o universo inteiro, com o objetivo de anunciar a Boa-Nova a todos.

A Pastoral da Comunicação tem como centro a pessoa, a mensagem e a prática de Jesus, Comunicador por excelência. A

Trindade é o fundamento sobre o qual deverá ser construída a Pastoral da Comunicação para que seja como casa construída sobre a rocha que resiste ao vento das dificuldades e dos possíveis fracassos.

Somente se estiver centrada na pessoa, na prática e nos ensinamentos de Jesus, o Filho amado do Pai, e no seu seguimento, vivido na força do Espírito, a Pastoral da Comunicação produzirá preciosos e abundantes frutos.

Oração da Comunicação

Deus do Amor que te dás sempre
em comunhão criadora,
Deus da Vida partilhada
frente aos processos de morte,
Deus da Palavra encarnada
em Jesus de Nazaré,
a serviço da Verdade,
na convivência da Paz,
pelas veredas da História...
Ensina-nos a escutar
o silêncio e o clamor
dos deserdados da Terra.
Ensina-nos a falar
a Boa-Nova do Reino
bem no alto dos telhados
e no coração do mundo.

Que sejamos testemunhas
da invencível Esperança,
que consagremos a mídia
ao serviço do Evangelho
em abertura ecumênica,
em plenitude ecológica,
nos Povos da Nossa América,
em cultura solidária
entre todas as culturas.
Amém, Axé, Awere, Aleluia

Dom Pedro Casaldáliga

Referências bibliográficas

BOMBONATTO, Vera Ivanise. *Seguimento de Jesus.* 2. ed. São Paulo: Paulinas, 2007.
CELAM. *Documento de Aparecida.* São Paulo: Paulinas/Paulus/CNBB, 2007.
CNBB. *Diretrizes gerais da ação evangelizadora da Igreja no Brasil.* São Paulo: Paulinas, 2008.
_____. *Igreja e comunicação rumo ao Novo Milênio.* São Paulo: Paulus, 1997. (Estudos da CNBB, n. 75).
_____. *Igreja e comunicação rumo ao Novo Milênio*; conclusões e compromissos. São Paulo: Paulinas, 1997. (Documentos da CNBB, n. 59).
CONFERÊNCIA EPISCOPAL ITALIANA. *Comunicazione e missione*; direttorio sulle comunicazioni sociali nella missione della Chiesa. Roma: Libreria Editrice Vaticana, 2004.
DARIVA, Noemi (org.). *Comunicação social na Igreja.* São Paulo: Paulinas, 2003.
DECOS-CELAM. *Para uma teologia da comunicação na América Latina.* Petrópolis: Vozes, 1984.
DRANE, John (org.). *Enciclopédia da Bíblia.* São Paulo: Paulinas/Loyola, 2009.
GIULIODORI, Claudio; LORIZIO, Giuseppe (orgs.). *Teologia e comunicazione.* Milano: San Paolo, 2001.
IGREJA CATÓLICA. *Catecismo da Igreja Católica.* São Paulo: Paulinas, 1992.

JOÃO PAULO II. *Carta Apostólica O Rápido Desenvolvimento*. 2. ed. São Paulo: Paulinas, 2009.

_____. *Carta Encíclica Redemptoris Missio*. São Paulo: Paulinas, 1991.

_____. *Discurso no Congresso Parábolas Mediáticas*. 2002.

_____. *Exortação Apostólica Pós-Sinodal Ecclesia in Africa*. São Paulo: Paulinas, 1995.

LAMBIASI, Francesco; TANGORRA, Giovanni. *Gesù Cristo comunicatore*. Milano: Paoline, 1997.

MARTÍNEZ DÍEZ, Felicíssimo. *Teologia da comunicação*. São Paulo: Paulinas, 1997.

MARTINI, Carlo Maria. *O Evangelho na comunicação*. São Paulo: Paulus, 1994.

PAULO VI. *Exortação Apostólica Evangelii Nuntiandi*. 15. ed. São Paulo: Paulinas, 2000.

PIKAZA, Xabier. *La nueva figura de Jesús*. Navarra: Verbo Divino, 2003.

POLI, Gian Franco; CARDONALI, Marco. *La comunicazione in prospettiva teologica*. Torino: Elledici, 1998.

PONTIFÍCIO CONSELHO PARA AS COMUNICAÇÕES SOCIAIS. *Instrução Pastoral Aetatis Novae*; uma revolução nas comunicações. São Paulo: Paulinas, 1992.

PUNTEL, Joana; CORAZZA, Helena. *Pastoral da comunicação*; diálogo entre fé e cultura. São Paulo: Paulinas, 2007.

TERRINONI, Ubaldo. *Projeto de pedagogia evangélica*. São Paulo: Paulinas. 2007.

VALADEZ FUENTES, Salvador. *Espiritualidade pastoral*. São Paulo: Paulinas, 2008.

Sumário

Apresentação 5
Introdução 9

Pastoral da Comunicação

1. O binômio pastoral e comunicação 15
   1.1 Evangelizar é comunicar 16
   1.2 Dois universos distintos 19
2. Comunicação: rede de relações 23
   2.1 Conceito dinâmico 24
   2.2 Cultura da comunicação 26
3. Pastoral: semente de vida nova 31
   3.1 Origem e significado 32
   3.2 O Senhor é meu pastor 32
   3.3 Jesus, Bom Pastor 34
   3.4 Prolongar e atualizar o ministério de Jesus 35
4. Pastoral da Comunicação,
   o Evangelho na cultura multimedial 39
   4.1 Vertentes constitutivas da Pastoral da Comunicação 41
   4.2 Dimensão essencial da Igreja 47
   4.3 Pastoral da Comunicação: caminho preferencial para a evangelização 48

FUNDAMENTAÇÃO BÍBLICO-TEOLÓGICA DA PASTORAL DA COMUNICAÇÃO

1. O dom da comunicação: dimensão antropológica 55
   1.1 A Palavra criadora 56
   1.2 Interlocutores de Deus 57
   1.3 Deus cria comunicando vida 59
   1.4 A história da comunicação de Deus com
       os seres humanos 60

2. Jesus, plenitude da comunicação: dimensão cristológica 63
   2.1 Jesus, Deus conosco 64
   2.2 A comunicação de Jesus com o Pai na oração 65
   2.3 A comunicação de Jesus no anúncio do Reino 66
   2.4 A comunicação de Jesus na cruz 68
   2.5 A comunicação de Jesus na sua ressurreição 69
   2.6 No princípio era a Palavra 71
   2.7 Jesus, imagem do Deus invisível 75

3. Trindade, mistério de comunhão: dimensão trinitária 81
   3.1 A Trindade, fundamento de comunicação 82
   3.2 A comunicação da Trindade na Páscoa de Jesus 84
   3.3 O Espírito Santo, agente de comunicação 87

Conclusão: dar novo impulso à Pascom 89

Oração da Comunicação 91

Referências bibliográficas 92

Impresso na gráfica da
Pia Sociedade Filhas de São Paulo
Via Raposo Tavares, km 19,145
05577-300 - São Paulo, SP - Brasil - 2009